BD

THE LONDON BEAST ENIGMA

Auteure : Joanna Le May

Illustrateur : Julien Flamand

hachette
ÉDUCATION

Les personnages de l'histoire

Katy Homes

Katy est une jeune Anglaise de 12 ans. Sportive et intelligente, elle sait se sortir des situations les plus compliquées. Son adage : réfléchir avant d'agir !

Charlie a 13 ans, c'est le meilleur ami de Katy. Un peu peureux, c'est un vrai geek. Il sait toujours trouver une astuce technique pour se tirer d'affaire !

Charlie Whatnot

Angus est le fidèle scottish terrier de Katy. Il est fier et courageux et son odorat est d'une aide précieuse pour notre duo de détectives en herbe !

Angus

ISBN : 978-2-01-786554-4
© Hachette Livre, 2019.
58, rue Jean Bleuzen, CS 70007, 92178 Vanves Cedex

The London Beast Enigma

Une bête terrifiante rôde dans Londres… Pas de quoi effrayer Charlie et Katy ! En suivant sa piste, nos deux amis vont découvrir une étrange rivière, assister à un match de cricket ou pénétrer dans un mystérieux cimetière… toujours accompagnés d'Angus, leur fidèle scottish terrier !

The River Thames, MI6

Mummy*, Mummy !
Look at the statue !

?!?

*Mummy : Maman.

4

The River Thames

It's the holidays !
Be happy Charlie !
Look ! There is
Big Ben 🇬🇧 !

I'm bored !*

YAWN

Look Charlie !

*I'm bored ! : Je m'ennuie !

6

Cool !

It's MI6* 🇬🇧.

Oh no !
Angus is sick*.

AAH

AAAHH
HH!
OOO
OHH!

*MI6 : services secrets britanniques.
*sick : malade.

*map : carte.

Lady Jane, I have got a new…

… ROBOT !

Oh Charlie! You are a GEEK!

SNiFF SNiFF GRRRRR!

… and here is the news*…

*the news : les informations.

... mysterious beast* in London...

MYSTERIOUS BEAST IN LONDON

... we have an interview with the victim...

YSTERIOUS BEAST IN LONDON - MYSTERIOUS BEAS

That man ! He's my gardener*, Tom !

*beast : bête. *gardener : jardinier.

A BEAST ! In LONDON ! Oh dear, Tom Is a very gentle* man. Is he ok ?

Don't worry Granny ! We will visit him.

Look at this blog. It's called *The Big Beast*.

In March 2005, many people saw the Beast in... SYDENHAM !

Ah ! Tom lives in...

TEL

4G

THE BiG BEAST!

Sydenham - March 2005

gentle : gentil, calme.

... SYDENHAM !

Errr, excuse me Lady Jane ! Did you say S-S-S-Sydenham ?

Yes. My Tom lives there !

Let's visit him NOW !

But Katy, the B-B-B-Beast ! I don't like this !

WOOF WOOF !

Come on Charlie ! It's another case*.

*case : affaire criminelle.

Sydenham

Who are you ?

Here we are in Sydenham !

I'm Katy, Lady Jane's granddaughter*. This is my friend, Charlie.

Come in ! Quickly !

Perhaps the Beast is here now !

Shhhh... Charlie ! Be quiet !

*granddaughter : petite-fille.

I was on Vauxhall Bridge.

Suddenly, the Beast attacked. It was horrible !

He's under* the table!

HAHAHA!

That's my glue*! It's for my model aeroplanes*.

GRUMPH!

Come on Angus. Let's go for a walk!

Goodbye children and BE CAREFUL!*

*under : sous. *glue : colle. *model aeroplanes : maquettes d'avion.
*be careful ! : faites attention !

Crystal Palace 🇬🇧

Come on Angus. Time for walkies* !

I don't like it here !

Crystal Pal

What's that ?

It's the Crystal Palace transmitter. It's called London's Eiffel Tower.

*time for walkies ! : c'est l'heure de la promenade !

In 1956, the BBC 🇬🇧 transmitted the first colour television pictures.

Now I'm bored ! Hey ! Where's Angus ?

GRRRR

Angus ? Is that you ?

GRRRRRRR

That's not Angus ! It's the...

*crazy : fou, folle. *Voir *The London Treasure Mystery*.

Listen to that silence... Where is the Beast ?

GONE ! That's curious...

I can't see Angus !

WOOF!

WOOF WOOF

I have got my binoculars* !

I can see him and a small river.

Good ! Let's go !

*binoculars : jumelles.

Angus !
There you are !

Look ! A curious footprint* !
Good boy !

YAWN

He is not interested. Why ?

Hmm... a river... THINK !
The map ! The Effra !
Back to Kensington, Charlie !

*footprint : empreinte de pied.

The Effra joins the River Thames at Vauxhall.

It goes under Kennington, just here...

1 Mile

RIVER THAMES

Vauxhall Bridge

Kennington

West Norwood

Sydenham

River Effra

W N E S

Here it is near* Sydenham.

Vauxhall ? Hmmm... THINK ! I remember* !

*near : près de, à côté de. *I remember : je me rappelle.

Of course!
The TUNNEL near
Vauxhall Bridge!

Children! It's time
to go to Kennington.

KENNINGTON!
Why?

Your uncle George is
playing cricket at the
Oval, Kennington!

People just drink tea and eat cakes* !

NO ANGUS ! NAUGHTY* BOY !

SNiFF! SNiFF!

SLURP! SLURP!

SiGH!

*cakes : gâteaux.
*naughty : vilain.

HEH HEH HEH!

TIME*!

WOOF!

The game is over*. Let's follow* Angus!

*time : fin du match (pour le cricket).
*the game is over : le match est terminé.
*follow : suivre.

10 minutes later

Oh no... Angus stop ! PUFF !

Hey ! Come back here you naughty kids !

There is a man behind* us ! He is not happy !

*behind : derrière.

*Voir *The Missing Bulldog*.
lawn : pelouse.

These are catacombes !

C-C-Catacombes. Perhaps they are h-h-haunted* !

SPOOKY!

What is it Angus ?

*haunted : hantées.

This is West Norwood Cemetery 🇬🇧 !

Charlie, look over there !

SPOOKY!

I'm sure it's a G-G-G-GHOST* !

It's NOT a ghost ! It's the...

*ghost : fantôme.

*999 : numéro d'appel d'urgence.

I can't!

The battery is dead*.

DON'T TOUCH THOSE CHILDREN!

*dead : déchargée, morte.

Later

Oh Granny !
The Beast is dead !
You are a heroine !

Good evening
Milady !
I'm from MI6 !

But I am NOT
a heroine !
Here is my story...

44

I am drinking tea at the Oval when...

I see Katy and Charlie running ! I decide to follow them...

I take a cricket bat for protection. It is time for ACTION !

...I was in the army during the Second World War*. I Am ALWAYS prepared !

I track* them at the cemetery.

*Second World War : Deuxième Guerre mondiale. *track : suivre la trace de.

I see the Beast and prepare for ATTACK. Suddenly the Beast STOPS!

Hello Police!

THE ANIMAL IS DEAD! I telephone the police with my NEW CELL PHONE!

The Beast is NOT an animal! The Beast is...

... a ROBOT !

GASP!

AMAZING !

Dear Tom ! You came SO quickly* after I telephoned you ! Thank you !

You can relax ! The Beast doesn't exist !

*quickly : vite.

I am just a poor* gardener !
I want to be RICH !

MONEY

I like computer science
and I am a good hacker !

*poor : pauvre.

Pour Comprendre

Les ouvrages les plus complets pour vous accompagner toute l'année

Pour Comprendre
Nouvelle édition CONFORME AUX PROGRAMMES
Toute la 6e
- Cours réexpliqués
- Méthodes avec exemples
- 700 exercices progressifs
- Dictées et bilans

Français · Maths · Anglais · Histoire-Géo EMC · Sciences et technologie · DICTÉES

LE GUIDE PARENTS : tous les corrigés détachables + des conseils pratiques · UN POSTER d'histoire-géo à détacher · 700 QUIZ INTERACTIFS et les FICHIERS AUDIO de l'anglais

hachette ÉDUCATION

Pour Comprendre
Nouvelle édition AUX PROGRAMMES
Toute la 5e
- Cours réexpliqués
- Méthodes avec exemples
- 700 exercices progressifs
- Dictées et bilans

Français · Maths · Langues · Histoire-Géo EMC · Phy.-Chimie Technologie

LE GUIDE PARENTS : tous les corrigés détachables + des conseils pratiques · UN POSTER d'histoire-géo à détacher · 700 QUIZ INTERACTIFS et les FICHIERS audio des langues

hachette ÉDUCATION

Pour Comprendre
Nouvelle édition AUX PROGRAMMES
Toute la 4e
- Cours réexpliqués
- Méthodes avec exemples
- 700 exercices progressifs
- Bilans / fiches d'orientation

ANNALES BREVET · Français · Maths · Langues · Histoire-Géo EMC · Phy.-Chimie Technologie · SVT · ORIENTATION

LE GUIDE PARENTS : tous les corrigés détachables + des conseils pratiques · UN POSTER d'histoire-géo à détacher · 170 QUIZ INTERACTIF et les FICHIERS AUDIO des langues

hachette ÉDUCATION

Pour Comprendre
Toute la 3e
NOUVEAU BREVET À partir de JUIN 2020 + 7 SUJETS complets corrigés
- Cours réexpliqués
- Méthodes avec exemples
- 800 exercices progressifs
- Bilans / fiches d'orientation

ANNALES BREVET · Français · Maths · Langues · Histoire-Géo EMC · Physique Chimie · Technologie · SVT · ORIENTATION

LE GUIDE PARENTS : tous les corrigés détachables + des conseils pratiques · UN POSTER d'histoire-géo à détacher · 350 QUIZ INTERACTIFS et les FICHIERS AUDIO des langues

hachette ÉDUCATION

▶ Cours réexpliqués
▶ Méthodes avec exemples
▶ 700/800 exercices progressifs
▶ Bilans
▶ Dictées en 6e et 5e
▶ Fiches d'orientation en 4e et 3e

Pour Comprendre toute la 3e
Le Guide Parents
Vous accompagner l'ado

hachette

✔ **LE GUIDE PARENTS :**
– les programmes expliqués
– des conseils pratiques
– tous les corrigés détachables

✔ **UN POSTER** en histoire-géographie à détacher

@ des QUIZ INTERACTIFS et les FICHIERS AUDIO des langues gratuits sur Internet

hachette
ÉDUCATION

6e et 5e
11-13 ans

Mes petites énigmes

BD

THE LOND[...]
BEAST ENIGMA

Cette **bande dessinée** en **anglais**, facile à comprendre, a été spécialement conçue pour les élèves de 6e et de 5e. L'histoire est complétée par :

- toutes les **traductions** en fin d'ouvrage ;
- des **enregistrements audio gratuits** disponibles sur le site *www.hachette-education.com* ;
- de nombreuses **informations culturelles**.

Une bête terrifiante rôde dans Londres… Pas de quoi effrayer Charlie et Katy ! En suivant sa piste, nos deux amis vont découvrir une étrange rivière, assister à un match de cricket ou pénétrer dans un mystérieux cimetière… toujours accompagnés d'Angus, leur fidèle scottish terrier !

Lire en anglais : c'est facile !

22.4407.5
ISBN : 978-2-01-786554-4

9 782017 865544

hachette
ÉDUCATION
www.hachette-education.com

4,90 €
France
métropolitaine

I hack the company* Coolbots. They make robots.

www.coolbots.com

ANDROID ROBOTS AND BIPEDS

I obtain a secret formula…

password

spam

email

… and create the BEAST !

*company : société.

London

My project is complex. I have got a map of the river Effra.

$$\frac{1}{\sqrt{2x}} \int f(x) e^{-iz}$$
$$= \frac{1}{\sqrt{2x}} \int_{-\infty}^{0} x^{-il}$$
$$= \sqrt{\frac{2}{\pi}} \, q^{-}$$

I build* a secret server in a tunnel...

... and use the tunnels to access London.

*build : construire.

52

There are many clues* !

Yes ! The map !

The glue :
Tom uses
it to attach fur*
to the robot.

GLUE

The footprint :
Angus is not
interested !
A robot is not
a real animal !

*clues : indices.
*fur : fourrure.

53

The E22 sensor cable, necessary to build a robot !

I use the Beast to STOP you kids at Crystal Palace.

... but there is interference. The Beast SHUTS DOWN*.

*shut down : s'arrêter, cesser de fonctionner.

... but the Beast... erm « shut down » at the cemetery ! Why ?

Oh, that's easy !

MY robot Joe is also a COOLBOT ! The remotes* are UNIVERSAL.

MY remote shut down the Beast !

*remotes : télécommandes.

*hits : visiteurs (personnes qui cliquent sur un site Internet).

Traductions
et informations culturelles

The London Beast Enigma

Page 4

La Tamise, le MI6
— Maman, Maman ! Regarde la statue !
— ?!?

Page 5

— Chéri, ce n'est pas une statue !
— À L'AIDE !
— AAHHH !

Page 6

La Tamise
— C'est les vacances ! Réjouis-toi Charlie ! Regarde ! Il y a Big Ben !
— Je m'ennuie !
[YAWN] PFFFF
— Regarde Charlie !

🇬🇧 **Big Ben**

Aujourd'hui, Big Ben est le surnom utilisé par les Britanniques pour désigner la tour de l'horloge du palais de Westminster, qui est le siège du parlement britannique. À l'origine, ce surnom avait été donné à la plus grosse cloche du carillon abrité dans la tour. Elle pèse plus de 13 tonnes, retentit à 6 km à la ronde toutes les heures depuis 1859 et rythme tous les grands événements de la nation… sauf depuis l'été 2017 ! En effet, au grand désespoir des Anglais, elle devrait rester silencieuse jusqu'en 2021 pour cause de travaux de rénovation !

Page 7

— C'est le MI6.
— Cool !
— Oh non ! Angus est malade.
[AAH… AAAHHHH ! OOOOHH]

🇬🇧 **MI6**

Le MI6 (*Military Intelligence, section 6*), également appelé SIS (*Secret Intelligence Service*), désigne le service de renseignements extérieurs du Royaume-Uni, c'est-à-dire une partie des services secrets britanniques. Son rôle est de mener des missions d'espionnage à l'étranger et de protéger le pays contre les attaques terroristes. Son siège est situé sur la rive droite de la Tamise, dans le sud-ouest de Londres. Son agent secret le plus connu (au cinéma bien sûr…) est James Bond !

Page 8

[HOOOOWL !] FLOUF !
— Qu'est-ce que c'est que ça ?

Page 9

— C'est une vieille carte !
[SNIFF ! SNIFF !]
— Est-ce que c'est la Tamise ?
— Non, ce n'est pas la Tamise. C'est une rivière sous Londres. Elle s'appelle l'Effra !
— Et il y a des calculs mathématiques ! Intéressant…

Page 10

Kensington
— Grand-mère, on est à la maison !
— Oh mon Dieu, c'est impossible !
— Bonjour grand-mère !
— Euh… Est-ce que vous allez bien lady Jane ?
— NON JE NE VAIS PAS BIEN ! J'ai un nouveau téléphone portable. Il est très COMPLIQUÉ !

Page 11
— Lady Jane, j'ai un nouveau…
— … ROBOT !
— Oh Charlie ! Tu es un GEEK !
[SNIFF ! SNIFF !]
— … et voici les informations…

Page 12
[Bandeau télé] MYSTÉRIEUSE BÊTE
À LONDRES
— … mystérieuse bête à Londres…
— … nous avons une interview
  de la victime…
[Bandeau télé] YSTÉRIEUSE BÊTE
À LONDRES   -   MYSTÉRIEUSE BÊT
— Cet homme ! C'est mon jardinier ! Tom !

Page 13
— UNE BÊTE ! À LONDRES !
  Oh mon Dieu, Tom est un homme très
  gentil, est-ce qu'il va bien ?
— Ne t'inquiète pas grand-mère !
  Nous allons lui rendre visite.
— Regardez ce blog. Il s'appelle
  La Grosse Bête.
— En mars 2005, de nombreuses
  personnes ont vu la Bête à…
  SYDENHAM !
— Ah ! Tom habite à…

Page 14
… SYDENHAM !
— Euh, excusez-moi lady Jane !
  Vous avez bien dit S-S-S-Sydenham ?
— Oui. Mon Tom vit là-bas.
— Rendons-lui visite MAINTENANT !
— Mais Katy, la B-B-B-Bête ! Je n'aime
  pas ça !
— Allez Charlie ! C'est une nouvelle affaire
  criminelle.
[WOOF ! WOOF !] Ouah ! Ouah !

Page 15
Sydenham
— Nous voici à Sydenham !
— Qui êtes-vous ?
— Je suis Katy, la petite-fille de lady Jane.
  C'est mon ami, Charlie.
— Entrez ! Vite !
— Peut-être que la Bête est ici
  en ce moment même !
— Chut… Charlie ! Tais-toi !

Page 16
— Comment allez-vous Tom ?
— Pas bien !
[SNIFF ! SNIFF !]
— Que s'est-il passé ?
— La Bête ! La Bête !

Page 17
— J'étais sur le Vauxhall Bridge.
— Soudain, la Bête a attaqué !
  C'était horrible !

Page 18
— Le Vauxhall Bridge… C'est près
  du MI6 ! Hum… RÉFLÉCHISSONS !
— Hé ! Où est Angus ?
[GRUMPHH !]
— Est-ce que c'est Angus ?

Page 19
— Il est sous la table !
[AHAHAH !]
— C'est ma colle ! C'est pour
  mes maquettes d'avion.
[GRUMPH !]
— Viens Angus. Allons nous promener !
— Au revoir les enfants et FAITES
  ATTENTION !

Page 20
Crystal Palace
— Viens Angus. C'est l'heure de
  la promenade !
— Ça ne me plaît pas ici !
— C'est quoi ça ?
— C'est l'émetteur de Crystal Palace.
  On l'appelle la tour Eiffel de Londres.

🇬🇧 Crystal Palace
De nos jours, Crystal Palace désigne un quar-
tier situé dans un district du sud de Londres,
Bromley, connu pour son émetteur qui culmine
à plus de 200 m et diffuse toutes les chaînes
de télévision londoniennes. À l'origine, Crystal
Palace était le nom donné à un impressionnant
« palais de cristal » fait de fonte et de verre et
long de plus de 500 m, construit à Hyde Park
en 1851 pour accueillir la première Exposition
universelle, puis entièrement démonté pour
être déplacé à Bromley. Détruit par un incendie en 1936, il a laissé place à un parc.

Page 21
— En 1956, la BBC a transmis les
  premières images de la télévision
  couleur.
— Maintenant c'est moi qui m'ennuie !
  Hé ! Où est Angus ?
[GRRRR]
— Angus ? Est-ce que c'est toi ?
[GRRRRRRR]
— Ce n'est pas Angus ! C'est la…

🇬🇧 BBC

Créée en 1922, la BBC (**B**ritish **B**roadcasting **C**orporation) est une société de production et de diffusion de programmes de radio puis de télévision financée par le gouvernement britannique. Véritable institution, elle symbolise l'histoire de la télévision britannique. Elle a produit un grand nombre de séries devenues cultes. Ses chaînes (BBC One, BBC Two, BBC News, etc.) sont extrêmement populaires, les Britanniques y sont très attachés.

Page 22
— … BÊTE ! Cours !
— … Par ici !
— … Par là, vers l'…

Page 23
— … ÉMETTEUR ! Non Katy ! Tu es folle !
— Viens Charlie !
— Cela me rappelle quelque chose !
— Attends-moi Katy. HUMPF…

Page 24
— Écoute ce silence… Où est la Bête ?
— PARTIE ! C'est curieux…
— Je ne vois pas Angus !
[WOOF ! WOOF ! WOOF !] OUAH !
OUAH ! OUAH !
— J'ai mes jumelles !
— Je le vois, ainsi qu'une petite rivière.
— Bien ! Allons-y !

Page 25
— Angus ! Te voilà !
— Regarde, une curieuse empreinte de pied ! Bon garçon !
[YAWN] PFFFOUH
— Il n'est pas intéressé. Pourquoi ?
— Hum… une rivière…
RÉFLÉCHISSONS ! La carte ! L'Effra !
Retour à Kensington, Charlie !

Page 26
Le jour suivant à Kensington
— L'Effra rejoint la Tamise à Vauxhall.
— Elle passe sous Kennington, juste ici.
— La voilà juste à côté de Sydenham.
— Vauxhall ? Hum… RÉFLÉCHISSONS !
Je me rappelle !

Page 27
— Bien sûr ! Le TUNNEL à côté du Vauxhall Bridge !
— Les enfants ! C'est l'heure d'aller à Kennington.
— KENNINGTON ! Pourquoi ?
— Ton oncle George joue au cricket au stade The Oval, à Kennington !

Page 28
Stade The Oval
— … NON Charlie ! Tu ne peux pas jouer avec ton robot à un match de cricket !
— Mais le cricket, c'est COMPLIQUÉ !
Je préfère mon robot !

🇬🇧 Cricket

Le cricket est un sport d'équipe qui se pratique avec des battes de bois et une balle sur un terrain de forme ovale. Un match est divisé en plusieurs manches au cours desquelles les joueurs d'une équipe se succèdent à la batte pour tenter de marquer des points en frappant la balle, tandis que les joueurs de l'équipe adverse se succèdent au lancer. Les Britanniques ne sont pas les seuls à se passionner pour ce sport aux règles complexes ; il est également très pratiqué dans les pays de l'ancien Empire britannique (Inde, Pakistan, Bangladesh, Afrique du Sud, Australie…).

Page 29
— Les gens ne font que boire du thé et manger des gâteaux !
— NON ANGUS ! VILAIN GARÇON !
[SNIFF ! SNIFF !]
[SLURP ! SLURP !]
[SIGH !] PFFFOUH !

Page 30
— ANGUS ! REVIENS !
— UN CHIEN ?
— QU'EST-CE QUE…
— Je ne peux pas regarder !
[CRASH !]
[SORRY !] DÉSOLÉ !

Page 31
[HEH HEH HEH !] HÉ ! HÉ ! HÉ !
— Fin du match !
[WOOF !] OUAH !
— Le match est terminé. Suivons Angus !

Page 32
10 minutes plus tard
— Oh non… Angus, stop ! HUMPF !
— Hé ! Revenez ici sales gamins !
— Il y a un homme derrière nous !
Il n'est pas content !

Page 33
— C'est un tunnel ! Suis Angus !
— Encore un tunnel ! Je n'aime pas ça !
— Ma pelouse ! Ces gamins !

West Norwood Cemetery
Le West Norwood Cemetery est l'un des sept grands cimetières londoniens créés au XIXe siècle, à l'ère victorienne, en réponse à la surpopulation des cimetières paroissiaux. Il est réputé pour son architecture de style gothique et sa végétation verdoyante. Ses splendides monuments funéraires, ses nombreux mausolées et ses catacombes en font un des plus beaux cimetières d'Europe.

999
Au Royaume-Uni, le 999 correspond au numéro d'appel d'urgence. C'est un numéro gratuit, à appeler en cas d'extrême urgence : si la vie de quelqu'un est en danger, en cas d'agression, d'incendie ou d'accident par exemple. En fonction du cas de figure, on vous met immédiatement en relation avec la police, les pompiers ou l'équivalent du SAMU.

— Allô la Police !
— L'ANIMAL EST MORT ! Je téléphone à la police avec mon NOUVEAU TÉLÉPHONE PORTABLE !
— La Bête n'est PAS un animal ! La Bête est…

Page 48
— …un ROBOT !
— GLOUPS !
— INCROYABLE !
— Cher Tom ! Vous êtes venu SI vite après que je vous ai téléphoné ! Merci !
— Vous pouvez vous détendre ! La Bête n'existe pas !

Page 49
— Tom n'est pas une victime. Il est un imposteur !
— Un imposteur ! Ce cher Tom ?
— Tom est le créateur de la Bête !
— TOM a créé la Bête ? !!! Est-ce vrai Tom ?
— INCROYABLE !
— Oui, c'est vrai Milady. Voici mon histoire…

Page 50
— Je suis juste un pauvre jardinier ! Je veux être RICHE !
— ARGENT
— J'aime l'informatique et je suis un bon hacker !

Page 51
— Je pirate la société Coolbots. Ils fabriquent des robots.
[ANDROID ROBOTS AND BIPEDS] ROBOTS ANDROÏDES ET BIPÈDES
— J'obtiens une formule secrète…
[password spam email] mot de passe spam e-mail
— … et je crée la BÊTE !

Page 52
[London] Londres
— Mon projet est complexe. J'ai une carte de la rivière Effra.
— Je construis un serveur secret dans un tunnel…
— … et j'utilise les tunnels pour accéder à Londres.

Page 53
— Il y a de nombreux indices !
— Oui ! La carte !
— La colle : Tom l'utilise pour attacher la fourrure au robot.
— L'empreinte : Angus n'est pas intéressé ! Un robot n'est pas un vrai animal !

Page 54
— Le câble de capteur E22 nécessaire à la construction d'un robot !
— J'utilise la Bête pour vous STOPPER, vous les enfants, à Crystal Palace.
— … mais il y a des interférences. La Bête CESSE DE FONCTIONNER.

Page 55
— … mais la Bête… hum… « a cessé de fonctionner » au cimetière ! Pourquoi ?
— Oh, c'est facile !
— Mon robot Joe est aussi un COOLBOT ! Les télécommandes sont UNIVERSELLES.
— MA télécommande a éteint la Bête !

Page 56
— Oh mon Dieu ! Tout cela est tellement COMPLIQUÉ ! Des robots, des téléphones portables, des ordinateurs, des coupures…
— Ce n'est pas tout !
— Tom est aussi le créateur du blog *La Grande Bête* !
— … Tom a construit la Bête pour créer un BUZZ.
— 5 millions de visiteurs ! J'étais RICHE ! Pas de BÊTE, pas de buzz, pas de visiteurs, pas d'ARGENT ! C'est une tragédie !

Page 57
— Ma pelouse ! VILAINE fille !
— Ce n'est PAS une vilaine fille ! C'est une très BONNE détective !
— C'est quoi ÇA !
— LA BÊTE !!!???

Page 58
[HAHA]
[MEOW ! MEOW !] Miaou ! Miaou !

Page 59
[HAHA !]

Traduction et notes culturelles :
Virginie Villette
Mise en pages : Médiamax

Achevé d'imprimer en mars 2021 en Espagne par Grafo - Dépôt légal : Avril 2019 - Édition 03 - 22/4407/5